Hallo iedereen Als u geïnteresseerd bent in geld verdienen online of online zaken, dan raad ik u echt aan dit boek te lezen. Ik hoop dat jullie allemaal een geweldige dag hebben als je hier nieuw bent.

Ik heb persoonlijk ervaring waarmee ik je als beginner van een online business ten zeerste kan aanbevelen en het grootste deel is dat deze allemaal gebaseerd zijn op passief inkomen, niet op actief inkomen. Het belangrijkste dat u in gedachten moet houden bij het online verdienen van geld is gebaseerd op twee dingen. Het moet passief zijn, niet actief, en het moet schaalbaar zijn. Dat is hoe u online echt geld verdient.

Wat ik daarmee bedoel, is het beantwoorden van enquêtes en dat soort dingen, je moet actief tijd besteden om geld te verdienen. Nu, iets dat passief is, je doet vooraf werk, en dan blijft het keer op keer verkopen, als je al uit je hoofd bent getild, doe je niets anders of steekt je een vinger op en je verdient nog steeds geld daaruit, dan voeg je de kracht van internet toe waar het kan schalen. En nu kunt u dit over de hele wereld doen, niet alleen in uw omgeving.

Ten eerste, omdat deze niet in een specifieke volgorde staan, raad ik ze allemaal ten zeerste aan.

Dus met dat gezegd zijnde, laten we hier naar de lijst gaan. Oké, nummer één, en dit komt niet als een verrassing en dat is Teespring. Nu weten velen van jullie waarschijnlijk al van Teespring. Maar voor degenen onder u die niet in het kort weten wat het is, wordt het beschouwd als print on demand. Het enige wat je hoeft te doen om hiermee geld te verdienen, is ontwerpen maken en ze uploaden naar Teespring. En ze gaan door naar virtuele aanbiedingen. Deze komen op T-shirts, sweatshirts, tanktops, mokken, alle verschillende kunstwerken, zelfs kussens zijn kunst aan de muur. En mensen kunnen dat ontwerp kopen als ze het leuk vinden op een specifiek kledingstuk in een kleur en een maat. En wat er dan gebeurt, is dat Teespring die bestelling ontvangt en precies afdrukt wat die persoon heeft besteld. Dus als het jouw ontwerp is op een rood shirt in maat, drukt medium Teespring er een af en verstuurt het vervolgens naar de klant, zorgt voor alle klantenservice en retourneert zelfs als die er zijn. Het mooie hiervan is dat je als verkoper geen enkel risico loopt. Je kunt hier alles helemaal gratis doen. In wezen upload je de ontwerpen, zij doen de marketing, want zodra ze een verkoop krijgen, nemen ze een klein deel van de winst op en krijg je de rest rechtstreeks op je account bijgeschreven. En nogmaals, dit is volledig passief. Nadat je je ontwerp hebt geüpload naar Teespring en je die virtuele lijst hebt gemaakt. U hoeft verder niets te doen, want deze vermelding blijft er voor altijd. zij nemen een klein deel van de winst in beslag en u krijgt de rest direct op uw rekening. En nogmaals, dit is volledig passief. Nadat je je ontwerp naar Teespring hebt geüpload en je die virtuele lijst hebt gemaakt. U hoeft verder niets te doen, want deze vermelding blijft er voor altijd. zij nemen een klein deel van de winst in beslag en u krijgt de rest direct op uw rekening. En nogmaals, dit is volledig passief. Nadat je je ontwerp naar Teespring hebt geüpload en je die virtuele lijst hebt gemaakt. U hoeft verder niets te doen, want deze vermelding blijft er voor altijd.

Zoals mensen het vinden, en ze iets kopen, zorgt Teespring voor al het andere, en ze voegen je winst gewoon toe aan je account. In een notendop: de strategie hier is om veel echt goede ontwerpen aan Teespring toe te voegen. En op die manier heb je veel lijnen in het water.

En zo kun je schalen als je al deze ontwerpen hebt geüpload, je hoeft verder niets te doen. En je zult passief meer verkopen krijgen, alleen al van Teespring die marketing doet. Het snelle hier is dat veel mensen denken dat je een grafisch ontwerper moet zijn, dat je ervaring moet hebben met het maken van ontwerpen. Dus eigenlijk bedenk je gewoon ideeën, gebruik je apps voor het maken van citaten, het creëert een goed ontwerp, uploadt het naar Teespring, zij zorgen voor de rest. Ik weet dat mensen vaak zeggen dat er niet zoiets bestaat als passief inkomen online, waar je op het strand kunt gaan zitten en geld kunt verdienen. Maar dit is daar een perfect voorbeeld van.

Je kunt het werk echt van tevoren doen en dan op het strand gaan zitten en gewoon verzamelen terwijl je geld verdient. Dus dat is nummer één. Dat is Teespring print on demand.

Laten we nu naar nummer twee gaan. Nummer twee bouwt direct af van nummer één en dat is merch van Amazon. Wat hier echt cool aan is, is dat Teespring niet de enige speler is in de print on demand-ruimte. Amazon is hier eigenlijk ook mee bezig. Ze hebben een programma met de naam merch by Amazon en het is het enige programma waarbij je je echt moet aanmelden en geaccepteerd moet worden.

Dat gezegd hebbende, duurt de applicatie maar een paar dagen en worden de meeste mensen geaccepteerd en nogmaals, het is volledig gratis te gebruiken, maar het absoluut beste hiervan is dat merchandise van Amazon en Teespring niet exclusief is, dus die ontwerpen die je hebt toegevoegd op Teespring.

Je kunt exact dezelfde ontwerpen ook uploaden op merch van Amazon en dubbele belichting krijgen. Merchandise van Amazon neemt de ontwerpen die je uploadt en plaatst het op standaard kledingstukken en voegt het toe aan de Amazon Marketplace. Wanneer mensen door Amazon gaan en ze jouw ontwerp op dat kledingstuk vinden. Ze kunnen hun maat en de kleur van het shirt selecteren en het lijkt erop dat je een normaal shirt koopt met eersteklas verzending. Dus zodra iemand dat weer op Amazon koopt, zorgt Amazon voor het afdrukken van de klantenservice voor verzending en zelfs voor het retourneren, dus het is helemaal vrij nadat je je ontwerp hebt geüpload naar merch by Amazon.

Amazon betaalt u royalty's. Dus terwijl je de ontwerpen zowel op Teespring als op merch van Amazon maakt, weet je hoeveel je gaat verdienen voor elke verkoop. En als de verkoop eenmaal plaatsvindt, zetten ze dat bedrag rechtstreeks op uw account en betaalt de merchandise van Amazon maandelijks uit. U wordt dus elke maand uitbetaald met uw winst op die verkopen.

Nogmaals, een van de beste aspecten hiervan is dat het passief en schaalbaar is dat Amazon zoveel verkeer naar hun marktplaats krijgt. Dus als u deze ontwerpen eenmaal heeft geüpload, hoeft u verder niets te doen. Het enige waar u verantwoordelijk voor bent, is meer ontwerpen bedenken en deze toevoegen, zodat u uw bedrijf groter kunt maken. Dus dat is nummer twee. Dat is merch van Amazon, nogmaals, print on demand.

Laten we nu naar nummer drie gaan. En ik moest dit hier invoegen omdat het voortbouwt op nummer één en nummer twee, en deze rode bubbel is weer een grote gerenommeerde print on demand-website en weer niet exclusief. Je kunt dus dezelfde ontwerpen van Teespring en samengevoegd door Amazon rechtstreeks aan je rode bubbel toevoegen. Ik beloof je dat dit de laatste print on demand-site zal zijn, maar ik moet ze hier plaatsen omdat ze zulke grote spelers zijn en je kunt driemaal zoveel exposure krijgen als je één ontwerp maakt.

Dus met dat gezegd, is het exact hetzelfde proces voor Teespring. En merchandise van Amazon. Je gebruikt gewoon dat ontwerp, uploadt het naar redbubble, maakt de virtuele lijst en gaat verder. U hoeft niets actiefs te doen. Zodra je ze hebt geüpload, ben je klaar. Dus dat is een twee en drie, dat zijn Teespring-merchandise van Amazon en redbubble, ze zijn allemaal op de man gedrukt en ze zijn allemaal niet exclusief. Dus hetzelfde ontwerp kunt u naar alle drie uploaden. Dit zijn dus meteen drie echt goede passieve online inkomstenstromen die u zo groot kunt schalen als u wilt.

Oké, nummer vier, dit is een niche-website voor affiliate marketing. Dit is een andere echt betrouwbare manier om online geld te verdienen die passief is, en je kunt het door het dak schalen. Het duurt wel een paar maanden om dit echt op gang te krijgen en hier substantiële inkomsten uit te gaan zien. Maar wat u in wezen doet, is een website maken rond een specifiek onderwerp of een specifieke niche en vervolgens blogposts op die website maken, veelgestelde vragen beantwoorden en populaire producten of services in die niche beoordelen.

En de manier waarop dit werkt, is dat mensen zoeken naar dingen die verband houden met dit onderwerp of die niche, door die veelgestelde vragen te stellen waarop u antwoorden heeft of op zoek naar recensies van producten in die niche, en uw website zal verschijnen in de Google-zoekopdracht resultaten. De reden dat dit een tijdje duurt om geld te verdienen, is omdat het even duurt voordat het in de zoekresultaten van Google wordt weergegeven.

Maar als je eenmaal in de zoekresultaten van Google bent, blijven mensen die vragen doorzoeken om die antwoorden te vinden en naar recensies van die producten te zoeken. Ze beginnen dus op uw website te klikken zodra u verschijnt. Nu. Dat is waar u uw verkeer krijgt en zodra ze op uw site zijn, lezen ze uw blogartikel waarin u gelieerde links naar die producten of die services kunt plaatsen. Of u kunt zelfs producten aanbevelen wanneer u een vraag beantwoordt en uw affiliate-link daar hebben.

Het is zo gemakkelijk om dit te doen, vooral vanwege het Amazon Associates-partnerprogramma, het grootste partnerprogramma ter wereld. Het is rechtstreeks via Amazon. En je kunt er een affiliate-link mee maken voor elk product op Amazon. De kans is dus groot dat de producten die u beoordeelt of aanbeveelt, op Amazon staan.

En dat stelt u in staat om eenvoudig een affiliate-link te krijgen om in uw blogartikel te plaatsen. Dit werkt nu ook voor producten die niet op Amazon staan. Dus als het een product of dienst is, dat is niet op Amazon, sluit u zich gewoon aan bij hun partnerprogramma. En daarmee kun je daar een affiliate link maken en die zet je in de blogartikelen.

Maar in wezen creëer je gewoon een niche-affiliate marketingwebsite die mensen zullen vinden in de zoekresultaten van Google, en ze zullen op je affiliate-links klikken terwijl ze doorlezen. Deze duurt zeker een paar maanden en het is meer een spel op de lange termijn. Maar als u eenmaal dat verkeer van Google krijgt, is dit echt een goede zaak.

Rechtstreeks naar nummer vijf gaan, dit is affiliate marketing op YouTube. Dit lijkt erg op Before, maar in plaats van er blogartikelen over te schrijven, maken we er video's over. Zodat we veelgestelde vragen in een niche kunnen beantwoorden. Of we kunnen populaire producten of diensten beoordelen en er een YouTube-video over maken. Het beste hiervan is dat je geen abonnees nodig hebt om dit te starten, je hebt zelfs geen video-ervaring nodig. Als u niet voor de camera wilt zijn, kunt u uw computer op het scherm opnemen en gewoon over het product of de dienst praten of die vraag beantwoorden. U kunt zelfs een PowerPoint-presentatie maken om die vraag te beantwoorden en er vervolgens doorheen praten terwijl u uw computer opneemt.

Je hoeft dus echt niet voor de camera te zijn als je dat niet wilt. Maar het beste van deze is dat Google

YouTube en YouTube op zichzelf als zoekmachine bezit. Dus als mensen die vragen op Google typen, kunnen er videoresultaten worden weergegeven. En bovendien gaan mensen gewoon naar YouTube op zoek naar videorecensies. Ze gaan op zoek naar video's om die vragen te beantwoorden, en mensen zullen je video's gaan bekijken terwijl je wordt weergegeven in de zoekresultaten van YouTube.

Ik weet dat het gemakkelijk is om te denken dat je veel volgers en abonnees nodig hebt om weergaven te krijgen. Uw weergaven zijn echter afkomstig uit zoekresultaten en niet van abonnees, dus u heeft geen abonnees nodig om hiermee te beginnen. En het laatste hiervan is dat als je eenmaal die videoreview hebt gemaakt, je je partnerlink in de beschrijving plaatst en elke video die zojuist heeft vermeld dat de link naar dit product of de dienst of wat het ook is, in de beschrijving zal staan. En dat is in feite hoe u affiliate marketing op YouTube doet. En nogmaals, je hebt hier geen website voor nodig en het is helemaal gratis om nu te beginnen

Nummer zes en dit is het maken van een informatieproduct of een cursus Laat je nu niet ontmoedigen door alle cursussen van duizend dollar en nepgoeroes en alle hype rond online cursussen, je kunt eigenlijk een cursus met een laag ticket samenstellen op Udemy of Skillshare. gewoon kennis delen die je hebt van je dagelijkse werk of een of andere hobby die je hebt en dan een voorverpakte, gemakkelijk te volgen, stapsgewijze cursus samenstellen van slechts 10 of $ 15.

Nu doen veel mensen dit niet omdat ze denken dat je een certificering moet hebben of dat je een expert moet zijn of een soort van inloggegevens hebt om een online cursus te maken. De realiteit is dat online cursussen zijn gebaseerd op resultaten en niet op referenties. Meestal hebben we geleerd om te leren van iemand die inloggegevens heeft.

Met de opkomst van internet en online cursussen voor veel minder geld, kunt u beginnen te leren van iemand die u resultaten kan geven, het maakt niet uit of ze de inloggegevens hebben of ze u kunnen laten zien hoe u het moet doen en hoe u het moet doen. Goed. Dat is het waard. Dus daarmee zijn er twee platforms die ik u aanbeveel te gebruiken.

En dat zijn Skillshare en Udemy. Beiden zijn erg beginnersvriendelijk en stellen je in staat om je hele cursus te maken en te hosten. Nu, voordat we verder gaan, denkt u waarschijnlijk: wel, ik weet niet wat ik moet leren. Ik ben geen expert. Dus je schrijft deze gewoon helemaal af. Ik daag je echt uit om te gaan zitten en na te denken, welke vaardigheden heb je die andere mensen in het verleden hebben gevraagd? Wat zijn dingen die je beter weet dan het grote publiek, dit zijn dingen die echt goed zijn voor de cursusinhoud, want zelfs als je maar op een schaal van één bent als beginner 10 tot expert, zelfs als je maar ergens bent rond een zeven weten alle mensen van zes jaar en jonger niet zoveel als jij, dus als je ze kunt helpen om op jouw positie als zeven te komen, is dat een effectieve online cursus. En als je dan meer een expert op dit gebied wordt, naar een acht en negen en een 10, de markt van mensen die van je kunnen leren of meer, dus houd dat in gedachten. Je hoeft niet aanwezig te zijn om mensen van zes te leren en lager, je kunt gelijk hebben op een zeven en vertellen hoe je ze naar een zeven kunt krijgen. Ik hoop dat dat logisch is. En weet gewoon dat als u op een gemakkelijke, stapsgewijze manier resultaten kunt leveren, u een online cursus kunt maken

Oké, nummer zeven, en deze is heel gemakkelijk te starten. Dus ik raad iedereen aan om hiermee te beginnen als je kunt, en dat is door gebruik te maken van het Ebates-verwijzingsprogramma. Nu is Ebates een plug-in die u op uw computer kunt zetten en die u in wezen geld bespaart door u cashback te geven, waar u ook winkelt.

Ze hebben echter een verwijzingsprogramma waarbij als je iemand de link stuurt, ze zich volledig gratis aanmelden om Ebates te gebruiken. Zodra ze dingen online kopen, denk ik dat het $ 25 waard is om te besteden die ze gebruiken, ze krijgen cashback en ze gaan geld besparen, maar het geeft je $ 25 om ze door te verwijzen en geeft ze een extra $ 10, alleen voor het aanmelden via uw link.

Dus in wezen is dit als kleinschalige affiliate marketing waarbij je je verwijzingslink hebt en je deze volledig gratis naar mensen kunt sturen om lid te worden, er zijn geen kosten om je aan te melden of zoiets. En als ze eenmaal het geld hebben uitgegeven dat ze normaal aan Amazon zouden hebben uitgegeven aan Best Buy op Walmart, zijn er een miljoen verschillende sites die deelnemen aan het Ebates-programma. Ze verdienen cashback en zodra ze 25 dollar hebben uitgegeven, krijg je 25 en ze krijgen er 10. Het is een win-win. Nu wil ik niet dat dit wordt verward met multi-level marketing of netwerkmarketing.

Dit is helemaal geen piramidestructuur. U verdient geen geld aan hun verwijzingen als ze ooit iemand doorverwijzen naar het programma en er zijn geen kosten verbonden aan het aanmelden, het is gewoon de $ 25 die ze uitgeven aan Amazon of wat voor online aankopen ze in de toekomst al doen. Wat hier echt cool aan is, is dat je hier in het begin een enorme marketinguitbarsting van kunt maken. Dus zodra je je aanmeldt voor het Ebates-verwijzingsprogramma, kun je dit uitzenden naar familie en vrienden op Facebook, op Instagram op sociale media.

En als ze zich aanmelden, zelfs als ze het komende jaar of twee jaar geen $ 25 uitgeven, als ze dat eenmaal doen, dan krijg je je 25 en krijgen ze hun 10. Dus als je een enorme marketinguitbarsting doet in de aan het begin, en dan vergeet het, je wacht gewoon tot ze allemaal zijn omgezet, en dan zie je hier en daar $ 25 binnenkomen. En dan kunt u in het dagelijks leven altijd uw link met mensen blijven delen, u kunt deze gewoon naar hen sms'en als deze in een gesprek ter sprake komt. Zo eenvoudig is het. Het enige nadeel van deze is dat deze niet in alle landen en regio's beschikbaar is. Maar zodra u zich aanmeldt, vertelt het u of uw land of regio wordt ondersteund. Dit komt vooral door de AVG-wetten.

Als je in Europa bent, weet je dit waarschijnlijk al en Ebates heeft me direct verteld dat ze aan dit GDPR-ding werken, dus hopelijk zal het binnenkort overal ter wereld beschikbaar zijn. Maar probeer het gewoon uit en kijk of u erdoor kunt gaan of dat uw landregio nog niet wordt ondersteund, maar dat is het Ebates-verwijzingsprogramma. En ik raad die ten zeerste aan voor beginners, omdat het zo gemakkelijk is om ermee aan de slag te gaan en je die link kunt delen met familie en vrienden en heel snel een paar honderd dollar kunt verdienen.

Oké, nummer acht. En deze is, nogmaals, een beetje een langetermijnspel. Maar dit is het creëren van een YouTube-kanaal. Nu, om te beginnen, ik wilde deze hier opnemen om mensen aan te moedigen het te doen. Sommige mensen zullen zeggen dat het te laat is om met YouTube aan de slag te gaan. Maar ik wil je vertellen dat ik je gewoon aanbeveel om mee te doen om iets op gang te krijgen. Het duurt doorgaans een jaar of twee jaar voordat u een aanzienlijke groei begint te zien. Maar als u dat eenmaal doet, kan het vanaf dat moment een geweldige aanvulling op de lange termijn zijn voor uw online bedrijven. Nu is YouTube helemaal gebaseerd op waarde.

Dus wat voor soort video's je ook maakt, of dat nu educatieve of entertainmentvideo's zijn, zorg ervoor dat je waarde toevoegt aan mensen en waarde toevoegt aan hun leven door de video's te bekijken. Een perfect voorbeeld hiervan is als je entertainmentvideo's of vlog-video's maakt, zolang je video's een kijkervaring creëren die net zo goed is als Netflix of iets anders dat ze op tv zouden kunnen bekijken, dan lever je waarde.

En dat is wat ervoor zorgt dat mensen blijven kijken en terugkomen voor meer. Houd daar dus rekening mee als je erover nadenkt om aan de slag te gaan met YouTube en weet dat het een spel voor de langere termijn is, maar het kan geen kwaad om video's op een kanaal te verspreiden en te kijken wat er gebeurt. Als we nu teruggaan naar nummer vijf, hebben we het over affiliate marketing op YouTube.

Dit kan een geweldige introductie zijn voor het maken van een YouTube-kanaal, je kunt abonnees krijgen door je recensievideo's uit te brengen en vragen te beantwoorden. En dan kun je voortbouwen op dat volgende, vragen wat ze meer zouden willen zien en dan meer van die inhoud maken, en dan gewoon die sneeuwbal gaande houden. Maar de manier waarop uw YouTube-kanaal passief geld zal verdienen, is de zogenaamde YouTube-advertentie-inkomsten.

En het laatste dat ik wil toevoegen aan het maken van een YouTube-kanaal, is dat er in het afgelopen jaar 1000 abonnees en 4000 kijkuren nodig zijn om momenteel inkomsten te genereren. Dus dat zijn de twee vereisten. En nogmaals, dat kan enige tijd duren voordat je kanaal zover is, maar als je eenmaal op dat punt bent, begin je geld te verdienen met de advertentie-inkomsten van YouTube.

Oké, nummer negen en dit is weer een heel goede. En dit zijn Kindle-e-boeken, als je kunt zien, er is een soort trend die veel hiervan op Amazon gebeurt.

En dat komt omdat Amazon zo groot is in hun markt en zo krachtig. Dus wat dit in wezen is, is dat je een informatieproductcursus kunt veranderen in een informatieproduct-e-boek, en dat je in wezen typt wat je online cursusvideo's zijn in hoofdstukken in een e-boek, en het vervolgens kunt uploaden via Kindle naar de Amazon Marketplace.

Dit is een andere geweldige manier om informatieproducten te maken, want als mensen Skillshare of Udemy niet kennen, of als ze niet bekend zijn met het kopen van online cursusvideo's, dan is de kans groot dat ze bekend zijn met Amazon en geen Kindle of e-boeken dus. ze kunnen het in tekstformaat kopen. En op die manier kunnen ze de hoofdstukken doorlezen in plaats van naar video's te kijken.

Beide zijn ontworpen om mensen hetzelfde resultaat te geven. Dus of ze de video's nu bekijken in een online cursus, of ze kopen in tekst- en e-boek, je doorloopt ze dezelfde stappen in hetzelfde proces. Dus nogmaals, die is volledig passief. En als je eenmaal doorgaat met Kindle, kun je hun software gebruiken om het te formatteren, zodat je het allemaal in een Word-document kunt typen en vervolgens de gratis software van Kindles kunt gebruiken om het in een E-boek te formatteren en dan helemaal gratis.

Je kunt dat uploaden naar de Amazon Marketplace en al het verkeer van Amazon zal nu je e-boek zien. En nogmaals, dit is volledig passief. Als je het eenmaal hebt geüpload, hoef je niets meer te doen. Nu nog een tip: als je wat marketing voor je e-boek wilt doen, kun je één keer per maand een gratis promotie van vijf dagen doen op Kindle. En dat zorgt ervoor dat mensen je boek kopen, het is gratis. En dan kun je op die manier recensies krijgen, waardoor je hoger op de Amazon Marketplace komt, meer bezoekers trekt en je boek ziet. Dus het maken van een Kindle-e-boek en dat op de Amazon Marketplace hebben, is een ander geweldig online bedrijf dat erg passief is.

Zelf publiceren is eenvoudig. Ik heb veel boeken gepubliceerd op Amazon en verdien meer dan $ 2.000 per maand. Nu publiceren is eenvoudig, maar dat geld elke maand passief inkomen verdienen. Dat is waar meer dan 4 miljoen auteurs op Amazon falen.

Ik onthul de drie hacks die ervoor zorgen dat uw boeken gerangschikt blijven en elke maand geld verdienen. We hebben het over het zelf publiceren van Amazon en passief inkomen zorgt ervoor dat uw geld werkt aan het creëren van de financiële toekomst. Zelf publiceren op Amazon is verreweg mijn favoriete passieve inkomstenbron en gemakkelijker om te beginnen dan de meeste mensen verwachten. Ik ga je precies laten zien hoeveel ik verdien met elk boek dat ik in eigen beheer op Amazon publiceer, van mijn meest winstgevende tot het minste.Ik ga ook drie geheimen onthullen om een passief inkomen te verdienen dat je elke maand kunt verzamelen. Nu, dat is de echte truc om zelf een boek uit te geven, iedereen kan een boek schrijven en publiceren op Amazon. Het echte geheim is het volgen van deze drie stappen die van je boek een bron van passief inkomen maken, je genereert die cashflow elke maand.

Als je net begint, heb ik een gratis hand-out met negen tips waarmee je een boek kunt schrijven en zo snel mogelijk kunt publiceren. In deze negen tips vind je alles wat je nodig hebt om je boek af te krijgen en binnen twee maanden te publiceren. Zelf uitgeven was dus een van mijn eerste inkomstenbronnen toen ik in 2014 met blogs begon.

En dit past natuurlijk bij iedereen met een blog of YouTube-kanaal. Je maakt al inhoud, dus het kost bijna geen moeite om het opnieuw te gebruiken in een boek en dat vervolgens zelf te publiceren, en de inkomsten hiervan zijn de afgelopen vier jaar absoluut verbluffend. Ik begon met slechts één boek in 2015 en werd ingebouwd in een bibliotheek van meer dan 11 boeken, waaronder een boek over zelf uitgeven dat ik net heb gelanceerd. Ik heb nog een volledig boek en een serie van vier gidsen toegevoegd in 2015. Ik volgde dat op met een ander boek in 2016, drie in 2017 en twee dit jaar. Als ik mijn aandacht voor het publiceren niet had weggenomen om andere dingen te doen, had ik gemakkelijk nog vier boeken kunnen publiceren, ik verdien in die periode zelfs nog meer geld.

Dus verkoop ik gemiddeld 670 exemplaren van mijn boeken per maand op Amazon Kindle print paperback en de audioversie. In de afgelopen 54 maanden heb ik bijna 108.000 boeken verkocht en mijn oudste boek heeft tot nu toe bijna $ 20.000 verdiend. Nu kun je in deze tabel zien dat niet elk boek een groot succes zal worden.

Ik heb vijf boeken die tot nu toe meer dan $ 10.000 hebben verdiend en drie die minder dan $ 1500 hebben verdiend. Dus er is een beetje een getallenspel aan de gang, publiceer op zijn minst een paar boeken en je zult een paar van de grote geldmakers hebben, evenals een paar die gewoon niet zoveel geld verdienen, maar kijk hier eens naar gemiddelde. Ik verdiende hier gemiddeld $ 200 per maand voor elk van deze 11 boeken. Bijna 2200 honderd dollar per maand. En wat ik je nu ga laten zien, is dat dit een bijna volledig passieve inkomstenbron wordt.

Eerlijk gezegd doe ik bijna niets om deze boeken op Amazon gerangschikt te houden en elke maand geld te verdienen. Het is een cheque, ik weet dat hij elke maand op de 29e en de 30e op mijn bankrekening staat en op geld kan ik vertrouwen. Nu wil ik deze drie tips delen om aan de slag te gaan met het zelf publiceren van drie ideeën waarvan ik garandeer dat ze je elke maand dat passieve inkomen opleveren. Dus nu wil ik u drie stappen geven om uw inkomsten uit zelfuitgaven bijna volledig passief te maken.

En dit is belangrijker dan de meeste nieuwe auteurs weten. Veel mensen beginnen te denken dat het schrijven en publiceren van een boek het moeilijkste deel is. Maar dan vragen ze zich af waarom ze na die eerste maand na die grote lancering geen geld verdienen.

Er zijn miljoenen boeken op Amazon en veel van hen hebben tienduizenden marketingdollars achter hun lancering in uw boek gestoken, het is eigenlijk het gemakkelijke deel om het elke maand gerangschikt te houden om die cashflow te genereren. Dat is het moeilijkste deel. Dus we zullen deze drie trucs bespreken, maar begrijpen dat het de bedoeling is om elke maand genoeg verkopen te krijgen om die Amazon-verkoopmachine een vliegende start te geven.

Omdat Amazon een verkoopmachine is, zoeken miljoenen mensen elke dag op het platform naar hun volgende boek. Als je elke maand een handvol verkopen kunt genereren, zal je boek hoger in die zoekresultaten verschijnen en meer van die lezers aantrekken. De eerste stap hier is om Amazon-marketingservices te gebruiken voor gesponsorde advertenties in uw boeken.

Ik geef hier ongeveer $ 20 per maand aan elk boek uit. En dit werkt op twee verschillende niveaus. Niet alleen is de reclame winstgevend, u ziet hier dat ik iets meer dan 10 mille heb uitgegeven om bijna 25.000 aan verkopen te genereren. Het is dus niet alleen een positief rendement op mijn investering, maar de verkoop helpt ook om de boeken gerangschikt te houden. Dus als we naar beneden scrollen, kun je zien dat ik nogal wat advertenties heb, meestal twee of drie per boek, en ik ga je laten zien hoe je een van deze kunt opzetten.

Het Amazon-dashboard hier is erg handig om uw advertentie-uitgaven voor elke campagne weer te geven, evenals de verkopen en de gemiddelde kosten. Dus hoeveel u uitgeeft Voor elke dollar die u nu verdient, kunnen we door een van deze klikken. Dus ik heb iets meer dan $ 2600 aan deze advertentie uitgegeven om $ 61.000 aan verkopen te genereren. Dat is een rendement van 134%, wat best verbazingwekkend is als je erover nadenkt. Hierboven in het menu kun je zien voor welk boek dit is, dus mijn boek over de negen inkomstenbronnen die ik gebruik voor mijn blogs, en dan de trefwoorden die ik op de advertentie heb getarget.

Dit is echt nuttig. Nadat u uw advertentie heeft gestart, kunt u hier terugkomen en zien welke zoekwoorden verkopen genereren, waarvoor u het bod wilt verhogen of zelfs verlagen. Laten we dit dus heel snel doornemen en bekijken hoe u een advertentie voor een van uw boeken kunt maken. Dus ik ga hier terug naar het hoofddashboard en klik op Campagne maken.

En dan klik ik op de gesponsorde producten. Op de volgende pagina hier geeft u uw campagne een naam en zorgt u ervoor dat u hier de naam van het boek opneemt. U kunt het dus onderscheiden van de andere campagnes. Als u meer dan één boek heeft. Ik zou deze datum gewoon open laten, zodat u de advertentie continu laat weergeven. U kunt zo ongeveer alles in dit vak met dagbudget stoppen, omdat u dat niet allemaal op een dag uitgeeft.

Hoe dan ook, ik heb de mijne op ongeveer 15 dollar gezet, maar ik heb nooit meer dan $ 10 op één dag uitgegeven. En dat was in al mijn advertenties, er is gewoon niet het aantal vertoningen en klikken om dat hele dagbudget te gebruiken. Vervolgens laat u Amazon de zoekwoorden kiezen met deze automatische targeting, of u kunt uw eigen zoekwoorden kiezen. Ik kies meestal mijn eigen zoekwoorden en je kunt een goede lijst met doelen krijgen door die Google Adwords-zoekwoordplanner te gebruiken om gewoon een lijst met gerelateerde zoekwoorden naar je boek te downloaden.

Deze biedstrategie is vrij nieuw en laat Amazon je bod gewoon omhoog of omlaag aanpassen om het beter te laten scoren. Nu betekent het dat je een beetje meer geld moet uitgeven, maar het zal ook meer verkopen betekenen. Dus ik sta gewoonlijk zowel op als neer bieden door Amazon toe. Vervolgens kies je het boek waarvoor je wilt adverteren en dit wordt automatisch gevuld met de boeken die je hebt geclaimd in je Amazon Author Central-account.

Terwijl u later naar binnen gaat om de afzonderlijke biedingen voor zoekwoorden aan te passen, kunt u hier beginnen met een standaardbod voor uw zoekwoorden. Amazon suggereert graag een bod, maar ik begin meestal met ongeveer 32 cent en alles wordt individueel aangepast als ik begin te zien hoe die zoekwoorden het doen. Eindelijk ga je hier de tekst voor je advertentie invoeren en als je niet gewend bent om advertentieteksten te schrijven, kijk ik rond bij amazon voor enkele voorbeelden om een idee te krijgen van wat je moet schrijven, elke keer dat je zoekt, zijn de advertenties gaan zeggen gesponsorde advertentie koop het boek. Dus je kunt kijken wat andere mensen aan het schrijven zijn en je tekst daarna een beetje modelleren, klik nu gewoon op de lanceercampagne en je bent helemaal klaar. ' Het duurt gewoonlijk vier tot twaalf uur om te worden beoordeeld en uw advertenties op mijn 12 boeken weer te geven en ongeveer $ 20 per maand aan deze advertenties te besteden, dat is genoeg om elke maand ongeveer 130 exemplaren van de boekverkoop te genereren. Dat alleen al geeft u een enorm voordeel ten opzichte van miljoenen andere boeken die deze advertentiestrategie niet gebruiken. Maar ik wil deze andere twee trucs ook gebruiken om je nog een kleine boost te geven.

Dus een andere heel krachtige manier om die paar verkopen te stimuleren die je nodig hebt om gerangschikt te blijven, is door gebruik te maken van een blog of een YouTube-kanaal met je boekverkopen. Ik weet dat het runnen van een blog of een YouTube-kanaal niet echt klinkt als passief inkomen. En dat is het niet.

Dit zijn legitieme online bedrijven en ik maak zes cijfers per jaar op mijn blogs en mijn YouTube-kanaal, maar het kost wel elke week wat werk. Maar als je maar vijf of misschien tien uur per week kunt besteden, heb je een geweldige plek om reclame te maken voor je boeken en verdien je geld met andere inkomstenbronnen. Hoewel het runnen van een blog misschien geen passief inkomen is, is het wel een passieve marketingbron voor je boeken. Dus nogmaals, dat handvol verkopen van de blogs stimuleren om elk boek gerangschikt te houden en vervolgens meer verkopen op Amazon genereren.

Als je nu doorklikt naar een bericht, zul je zien dat veel van deze individuele artikelen een oproep tot actie of een oproep hebben en een link naar het boek als het betrekking heeft op dat onderwerp. Eindelijk zijn hier andere goede plaatsen om gewoon een pagina met boekaanbevelingen te maken of en deze te markeren in het hoofdmenu en vervolgens uw boeklinks hier ook op een YouTube-kanaal toe te voegen. Je kunt video's maken over specifieke delen van je boek of eigenlijk alles wat met dat onderwerp te maken heeft. Dan noem je gewoon het boek en verwijs je naar een link in de videobeschrijving.

Zelfs als iemand niet op die link klikt, maar naar je boek zoekt en de volgende keer dat ze op Amazon zijn. Het is een geweldige bron van merkopbouw voor uw bedrijf. Nu zou ik zeggen dat de blogs op de kanalen waarschijnlijk elke maand nog eens 60 exemplaren verkopen. En het is soms moeilijk te zeggen, omdat er zoveel andere dingen aan de hand zijn om dat boek te promoten, maar het is een flinke brok voor elk boek. Nogmaals, u hoeft geen honderden verkopen te krijgen van een van deze afzonderlijke bronnen, maar zet ze allemaal bij elkaar. En dat is genoeg om dat algoritme van Amazon te gebruiken om te blijven verkopen. En ik verkoop waarschijnlijk ongeveer 200, misschien 220 exemplaren van mijn boeken via deze drie hacks die ik deel, inclusief de volgende die ik je ga laten zien.

Maar dat is genoeg om de boeken gerangschikt te houden en nog eens 400 exemplaren via Amazon te verkopen zonder dat je elke maand iets anders hoeft te doen. Deze volgende truc voor zelfpublicatie is gewoon om een lijst met vrienden, familie en andere auteurs samen te stellen die u strategisch kunt gebruiken om uw boekverkoop een boost te geven. Nu weet ik dat iedereen op hun Facebook-pagina plaatst als ze een boek lanceren. Ze posten daar over hun nieuwe boek en zeggen dat ze het best graag ondersteunen.

Het probleem hier is dat we allemaal blind zijn voor dit soort verzoeken op sociale media. We zien er elke dag tientallen van honderden van onze zogenaamde vrienden en we negeren ze allemaal. Dit soort passieve pleidooi voor steun, zelfs van je beste vrienden en familie, zal niet genoeg zijn om veel te doen voor je boekenverkoop. In plaats daarvan moet u strategischer en directer zijn.

Bereik elke maand ongeveer 10 mensen in uw contactenlijst en vraag hen rechtstreeks via een direct bericht om uw boek te kopen. U kunt de prijs voor een paar dagen verlagen tot misschien $ 1,99 of gewoon aanbieden om ze ervoor terug te betalen. Je hebt nog een paar verkopen nodig om dat Amazon-algoritme te laten neuriën.

Wees niet bang om hier direct te zijn, of neem contact op met een privébericht en vertel hen hoeveel het voor u betekent en dat u de gunst graag zou teruggeven wanneer ze het nodig hebben. Dit is een geweldige bron voor die eerste boekverkopen en recensies, maar je moet er direct over zijn.

En dit is misschien een betere optie voor jou als je niet voor de camera wilt zijn om een videocursus te maken, maar je kunt alle stappen uittypen en die in een e-boek uploaden.

Oké, nummer 10. Dit is de laatste en ik vond deze ook erg leuk. En dat is een Instagram-partner. Dus net zoals we affiliate marketing op YouTube en onze eigen niche affiliate marketingwebsite deden, kun je een gratis Instagram-profiel aanmaken en daar dezelfde affiliate marketing doen.

Nu zijn er twee redenen waarom dit echt goed is. Ten eerste is het helemaal gratis om te doen. U hoeft geen website of zo te hebben. U kunt gewoon de pagina maken en als tweede beginnen, omdat u de kracht van hashtags kunt gebruiken. Dus zelfs als je in het begin geen volgers hebt, kun je niche-hashtags gebruiken wanneer je berichten op je Instagram-pagina maakt.

Dus wanneer je maar wilt komen opdagen, kun je die hashtags op dat bericht plaatsen. En zelfs als je geen volgers hebt, zullen mensen in die niche je berichten gaan zien.

Er is dus meer aan de hand over het bouwen van een Instagram-pagina om er affiliate marketing mee te doen. Maar weet gewoon dat dat een geweldige manier is om in affiliate marketing te komen en dat je daarvoor geen website nodig hebt. Het is dus helemaal gratis om aan de slag te gaan.

Dus net als die jongens, online bedrijven die ik aanbeveel om te beginnen voor beginners. En als je überhaupt nog vragen hebt, laat het me weten in de comments.